المُومْياءُ

مُحمّد عُثْمان

The Mummy

Modern Standard Arabic Reader – Book 15

by Mohamad Osman

lingualism

© 2021 by Matthew Aldrich

The author's moral rights have been asserted. All rights reserved. No part of this document may be reproduced or transmitted in any form or by any means, electronic, mechanical, photocopying, recording, or otherwise, without prior written permission of the publisher.

ISBN: 978-1-949650-42-6

Written by Mohamad Osman

Edited by Matthew Aldrich

Arabic translation* by Lilia Khachroum

English translation by Mohamad Osman

Cover art by Duc-Minh Vu

Audio by Heba Salah Ali

from the original Egyptian Arabic to Modern Standard Arabic

website: www.lingualism.com

email: contact@lingualism.com

Introduction

The **Modern Standard Arabic Readers** series aims to provide learners with much-needed exposure to authentic language. The books in the series are at a similar level (B1-B2) and can be read in any order. The stories are a fun and flexible tool for building vocabulary, improving language skills, and developing overall fluency.

The main text is presented on even-numbered pages with tashkeel (diacritics) to aid in reading, while parallel English translations on odd-numbered pages are there to help you better understand new words and idioms. A second version of the text is given at the back of the book, without the distraction of tashkeel and translations, for those who are up to the challenge.

Visit the **Modern Standard Arabic Readers** hub at **www.lingualism.com/msar**, where you can find:

- **free accompanying audio** to download or stream (at variable playback rates)
- a **blog** with tips on using our Modern Standard Arabic readers to learn effectively

This book is also available in Egyptian Arabic at www.lingualism.com/ear.

المومْياءُ

كانَ النّيلُ أزْرَقًا، وَكانَ النَّهارُ شَديدَ الْحَرارَةِ. كانَتِ الشَّمْسُ قَوِيَّةً جِدًّا، وَشَعُرَ صُهَيْبُ بِحَرارَةٍ شَديدَةٍ.

شَعُرَ صُهَيْبُ بِالْمَلَلِ وَهُوَ يُشاهِدُ الشّارِعَ. لَمْ تَكُنِ السَّيّاراتُ كَثيرَةً، وَكانَ يُراقِبُ كُلَّ واحِدَةٍ وَهِيَ تَمُرُّ بِجانِبِهِ.

كانَ صُهَيْبُ وَرِفاقُهُ في الصَّفِّ في رِحْلَةٍ بِالْحافِلَةِ إلى أَسْوانَ لِزِيارَةِ مَعْبَدِ أبو سِمْبِلَ، نَظَّمَتْهُ جامِعَتُهُمْ. كانَ زُمَلاءُ صُهَيْبٍ مُتَحَمِّسينَ، لَكِنَّ صُهَيْبَ كانَ يُفَضِّلُ الْعَوْدَةَ إلى الْمَنْزِلِ.

"ما بِكَ صُهَيْبُ؟ لِماذا أَنْتَ مُتَضايِقٌ؟"

نَظَرَ صُهَيْبُ وَوَجَدَ زَميلَهُ أَحْمَدَ. "لا شَيْءَ، يا أَحْمَدُ... فَقَطْ أَتأَمَّلُ قَليلًا."

"حَسَنًا، اِسْتَيْقِظْ إِذَنْ لِأَنَّنا قَدِ اقْتَرَبْنا."

❖ ❖ ❖

بَعْدَ رُبْعِ ساعَةٍ، وَصَلَتِ الْحافِلَةُ إلى الْمَعْبَدِ. كانَ هُناكَ عَدَدٌ قَليلٌ مِنَ السُّيّاحِ مِنْ بُلْدانٍ مُخْتَلِفَةٍ، لَكِنْ لَمْ يَكُنْ عَدَدُهُمْ كَبيرًا. نَزَلَ صُهَيْبُ مِنَ الْحافِلَةِ مَعَ زُمَلائِهِ.

The Mummy

The Nile was blue, and the day was very hot. The sun was very strong, and Sohaib felt extreme heat.

Sohaib was bored as he was watching the street. The cars were not a lot, and he was watching each one as it passed by him.

Sohaib and his classmates were riding on a bus trip to Aswan to visit the Abu Simbel temple. Their university had organized it. Sohaib's classmates were excited, but Sohaib himself wanted to return home.

"What's wrong, Sohaib? Why are you annoyed?"

Sohaib looked over and found his classmate Ahmed. "It's nothing, Ahmed… was only daydreaming a bit."

"Okay, wake up then because we're close."

After a quarter of an hour, the bus arrived at the temple. There were a few tourists from different countries, but there weren't many of them. Sohaib got off the bus with his colleagues.

ظَلَّ صُهَيْبُ يَنْظُرُ إلى فَتاةٍ زَميلَتَهُ. اِسْمُها سَلْمى. كانَ صُهَيْبُ يُحِبُّها لَكِنَّهُ كانَ خائِفًا مِنْ إِخْبارِها بِمَشاعِرِهِ وَألّا يَكونَ لَها أيَّ مَشاعِرٍ تِجاهَهُ.

أَخَذَ صُهَيْبُ نَفَسًا عَميقًا وَأَخْرَجَهُ. بَعْدَ ذَلِكَ نَظَرَ إلى الْأَعْلى وَنَظَرَ إِلى التَّماثيلِ الْكَبيرَةِ. كُلُّها كانَتْ مُتَماثِلَةً. كانَتِ التَّماثيلُ مَصْفوفَةً كَما لَوْ كانَتْ عائِلَةً مَلَكِيَّةً.

وَلاحَظَ صُهَيْبُ أَنَّ أَحَدَ التَّماثيلِ فَقَدَ نِصفَهُ الْعُلْوِيَّ. فَسَأَلَ صُهَيْبُ أَحْمَدَ: "أَيْنَ ذَهَبَ النِّصْفُ الْعُلْوِيَّ؟"

"حَدَثَ زِلْزالٌ أَدّى إلى سُقوطِ النِّصْفَ العُلْوِيَّ. بَقِيَ النِّصْفُ السُّفْلِيُّ فَقَطْ."

كانَ صُهَيْبُ فُضولِيًا بَعْضَ الشَّيْءِ. "حَسَنًا، وَلِمَنْ هَذِهِ التَّماثيلُ؟"

"كُلُّ التَّماثيلِ لِنَفسِ الشَّخْصِ... رَمسيسُ الثّاني."

"هَذا يَعْني أَنَّ هَذا كانَ فِرْعَوْنًا، وَصَنَعَ لِنَفْسِهِ أَرْبَعَةُ تَماثيلَ؟ إِنَّهُ مُتَغَطْرِسٌ!"

"مِنْ حَقِّهِ. لَقَدْ فَعَلَ أَشْياءَ عَظيمَةً فِي مَسيرَتِهِ."

Sohaib kept looking at a girl who was his colleague. Her name was Salma. Sohaib liked her but was worried to tell Salma about his feelings and that she wouldn't have any feelings toward him.

Sohaib took a deep breath and let it out. After that, he looked up and watched the large statues. All of them were almost exactly the same. They were sitting in a row as though they were a royal family.

Sohaib noticed that one of the statues was missing its upper half. "Where did the upper half go?" Sohaib asked Ahmed.

"There was in an earthquake that made the upper half fall off. Only the lower half remained."

Sohaib was a little curious. "Okay, and who are these statues of?"

"Each statue of them is the same person... Ramses II."

"So this means that this was a pharaoh, and he made four statues for himself? He sees himself in an arrogant way!"

"It's his right, honestly. He had done great things in his career."

"مِثْلَ ماذا؟"

"مِثْلَ هَذا الْمَعْبَدِ الَّذي أَمامَكَ. تَخَيَّلْ أَنْ تَنْحَتَ مَعْبَدًا في سَفْحِ جَبَلٍ مُنْذُ ثَلاثَةِ أَلْفِ سَنَةٍ!"

"وِجْهَةُ نَظَرٍ مُحْتَرَمَةٍ." ظَلَّ صُهَيْبُ يَنْظُرُ إِلى التِّمْثالِ لِبَعْضِ الْوَقْتِ. بَعْدَ ذَلِكَ دَخَلَ هُوَ وَزُمَلاؤُهُ الْمَعْبَدَ.

❖ ❖ ❖

كانَ الْمَنْظَرُ في الدّاخِلِ مُذْهِلًا. عَلى الْيَمينِ والْيَسارِ، كانَ هُناكَ صَفّانِ مِنَ التَّماثيلِ الَّتي تُشْبِهُ تَمامًا تِلْكَ الْمَوْجودَةَ بِالْخارِجِ.

شَعُرَ صُهَيْبُ وَكَأَنَّهُ قَدْ عادَ بِالْفِعْلِ إِلى الْوَراءِ ثَلاثَةَ آلافِ سَنَةٍ، وَأَنَّهُ كانَ في عَهْدِ الْفَراعِنَةِ. شَعُرَ صُهَيْبُ أَنَّ الأَمْرَ بَدَأَ بِالْفِعْلِ يُصْبِحُ شَيِّقًا.

كانَتِ الأَرْضُ صُلْبَةً وَمُغَطّاةً بِالرِّمالِ، وَفي نِهايَةِ الْمَمَرِّ بَدَتْ هُناكَ غُرْفَةٌ كَبيرَةٌ مُضاءَةٌ بِشَكْلٍ خافِتٍ. عِنْدَما دَخَلَتِ الْمَجْموعَةُ، وَجَدَ صُهَيْبُ أَنَّ الغُرْفَةَ كانَتْ مُضاءَةً بِالْفِعْلِ بِمَصابيحَ مُعَلَّقَةٍ عَلى الْجُدْرانِ.

"Like what?"

"Like this temple that's in front of you. Imagine carving a temple into a mountainside while living two thousand years ago!"

"A respectable point of view." Sohaib kept looking at the statue for some time. After that, he and his colleagues entered the temple.

The view inside was amazing. On the right and the left, there were two rows of statues that resembled exactly those that were outside.

Sohaib felt as though he had actually gone back three thousand years and that he was in the era of the pharaohs. Sohaib felt that the matter was actually starting to get interesting.

The ground was hard and covered with sand, and at the end of the corridor, there appeared to be a large room that was dimly lit. When the group entered [it], Sohaib found that the room was indeed lit by torches hanging on the walls.

كانَ الْجِدارُ أَيْضًا ذو لَوْنٍ ذَهَبِيٍّ خافِتٍ، وَكانَتْ بِهِ تَشَقُّقاتٌ. وَخَرَجَ شَخْصٌ مِنَ الْمَجْموعَةِ الْمُكَوَّنَةِ مِنْ صُهَيْبٍ وَزُمَلائِهِ وَالْمُنَظِّمينَ. كانَ الْمُنَظِّمونَ شُبّانًا أَيْضًا، وَلَمْ يَكُنْ فارِقُ السِّنِّ بَيْنَهُمْ وَبَيْنَ صُهَيْبٍ كَبيرًا.

الشَّخْصُ الَّذي غادَرَ الْمَجْموعَةَ كانَ أَحَدُ الْمُنَظِّمينَ. كانَ نَحيفًا وَلَهُ لِحيَةٌ خَفيفَةٌ، وَكانَ يَرْتَدي قَميصًا أَحْمَرًا، وَسِرْوالًا جينْزْ أَزْرَقًا وَحِذاءً أَبْيَضًا. كانَ شَعْرُهُ قَصيرًا وَلَوْنُهُ بُنِّيٌّ داكِنٌ.

خَطى خُطْوَتَيْنِ ثُمَّ اسْتَدارَ وَنَظَرَ إِلى الْمَجْموعَةِ. "حَسَنًا يا رِفاقُ، اِسْمي حُسامُ، والْيَوْمُ سَأَكونُ مَسْؤولًا عَنِ الرِّحْلَةِ مِنْ هَذِهِ اللَّحْظَةِ إِلى أَنْ نَعودَ إِلى الْحافِلَةِ. إِذا كانَ لَدى أَيِّ شَخْصٍ سُؤالٌ، أَوْ يُريدُ الذَّهابَ إِلى الْحَمّامِ، أَوْ لَدَيْهِ ما يَقولُهُ، فَلْيَقُلْ لي. هَلْ نَحْنُ مُتَّفِقونَ؟"

"مَتى سَنَرى الْمومْياءَ؟" سَأَلَ فَتًى سَخيفٌ مِنَ الْمَجْموعَةِ.

قالَ حُسامُ مُبْتَسِمًا: "سَتَراها، لا تَقْلَقْ." كانَ مِنَ الْواضِحِ عَلى وَجْهِهِ أَنَّهُ كانَ يَسْخَرُ.

The wall itself was a soft golden color, and it had cracks. A person emerged from the group consisting of Sohaib and his colleagues and the organizers. The organizers were also young, and the age difference between them and Sohaib was not big.

The person who left this group was one of the organizers. He was thin and had a light beard, and he wore a red t-shirt, blue jeans, and white shoes. His hair was short and was dark brown in color.

He took two steps and then turned and looked at the group. "Okay, everyone, my name is Hussam, and today I will be responsible for the trip from this moment going forward until we're back on the bus again. If anyone has a question, or anyone wants to go to the bathroom, or anyone has something to say, say it to me. Are we agreed?"

"When will we see the mummy?" A silly boy from the young men and women asked.

"You will see it, don't worry," Hussam said with a smile. It was obvious on his face that he was being sarcastic.

اِقْتَرَبَ أَحْمَدُ مِنْ صُهَيْبٍ وَقالَ بِصَوْتٍ مُنْخَفِضٍ. "تَخَيَّلْ أنْ نَجِدَها عَلى قَيْدِ الْحَياةِ!"

"لا بَأْسَ. سَأَجْعَلُها تُلاحِقُكَ."

"يا لَكَ مِنْ ظَريفٍ يا صُهَيْبُ."

"اِخْرَسْ، نُريدُ أَنْ نَسْمَعَ!"

كانَ حُسامُ يَشْرَحُ كَيْفَ سَتَتِمُّ الرِّحْلَةُ، وَكَيْفَ سَيَتَجَوَّلونَ حَوْلَ الْمَعْبَدِ. "أَوَّلُ شَيْءٍ، سَنَنْقَسِمُ فِي هَذِهِ الْغُرْفَةِ لِمَنْ يُريدُ أَنْ يَرى الْكِتاباتَ عَلى الْجُدْرانِ أَوِ التَّماثيلِ الْمَوْجودَةِ هُنا، أَوْ إِذا أَرادَ أَحَدٌ أَنْ يَدْخُلَ الْحَمّامَ. سَنَبْقى نِصْفَ ساعَةٍ ثُمَّ نَجْتَمِعُ هُنا مَرَّةً أُخْرى. لا أَحَدَ يَبْتَعِدُ كَثيرًا، وَلا أَحَدَ يَدْخُلُ أَيَّ غُرْفَةٍ أَوْ مَمَرٍّ لا يَنْتَمي إِلى بَرْنامَجِنا."

"تَبْدو خائِفًا مِنْ لَعْنَةِ الْفَراعِنَةِ!" قالَ أَحَدُ زُمَلاءِ صُهَيْبٍ لَكِنَّهُ شَعُرَ بِخَطَئِهِ فِي تِلْكَ اللَّحْظَةِ. سادَ الصَّمْتُ التّامُّ وَكانَ الصَّبِيُّ مُحْرَجًا جِدًّا.

تَغَيَّرَ وَجْهُ حُسامٍ، وَشَعُرَ صُهَيْبُ أَنَّهُ عَلى وَشْكِ قَوْلِ شَيْءٍ سَيِّءٍ لِلصَّبِيِّ. "تَبْدو سَخيفًا، وَأَنْصَحُكَ بِعَدَمِ التَّحَدُّثِ مَرَّةً أُخْرى."

Ahmed approached Sohaib and spoke in a low voice. "Imagine we find it alive!"

"That's normal. I'll make it chase you."

"Very funny, Sohaib."

"Shut up, we want to hear!"

Hussam was explaining how the trip would go and how they would walk around the temple. "The first thing is to split up in this room for anyone who wants to see the writings on walls or statues that are here, or if someone wants to enter the bathroom. We will remain a half-hour, and then we will gather here again. Nobody stray too far, and nobody enter any room or corridor that is not in the program."

"You look afraid of the curse of the pharaohs!" One of Sohaib's classmates spoke but felt his mistake at that moment. There was complete silence, and the boy was very embarrassed.

Hussam's face had changed, and Sohaib felt that he was about to say something bad to the boy. "You look bad, and I advise you that you don't talk again."

بعْدَ ذَلِكَ نَظَرَ حُسامُ إلى كُلِّ الْمَجْموعَةِ. "هَلْ لَدى أَحَدِكُمْ أسْئِلَةً، يا جَماعَة؟ حَسَنًا، نِصْفُ ساعَةٍ وَنَلْتَقي جَميعًا هُنا."

انْقَسَمَتِ الْمَجْموعَةُ إلى مَجْموعاتٍ أَصْغَرَ، ذَهَبَتْ في اتِّجاهاتٍ مُخْتَلِفَةٍ. لِسوءِ الْحَظِّ، كانَ مَعَ سَلْمى الْكَثيرُ مِنَ الأَشْخاصِ، وَلَمْ يَتَمَكَّنْ صُهَيْبُ مِنَ التَّحَدُّثِ إِلَيْها.

لَكِنَّ صُهَيْبَ لَمْ يَدَعِ الأَمْرَ يُزْعِجَهُ. نَظَرَ صُهَيْبُ إلى يَمينِهِ فَوَجَدَ أَحْمَدَ فَذَهَبَ إِلَيْهِ. "ماذا سَنَفْعَلُ؟"

"أَنْتَ ماذا تُريدُ."

وَجَذَبَ صُهَيْبُ أَحْمَدَ جانِبًا. "أَتَعْرِفُ ماذا... هَلْ تَرى تِلْكَ الْغُرْفَةَ هُناكَ؟"

ضَحِكَ أَحْمَدُ قَليلًا. "بِماذا تُفَكِّرُ أَيُّها الْمَجْنونُ؟"

"تَعالَ قَبْلَ أَنْ يُلاحِظَ أَحَدٌ... يا لَها مِنْ غُرْفَةٍ مُقْرِفَةٍ، إِنَّني أَشْعُرُ بِالْمَلَلِ."

After that, Hussam looked at the group as a whole. "Anyone have questions, guys? Right, half an hour, and we all meet here." The group broke up into smaller groups, and everyone went in a different direction. Unfortunately, Salma had many people with her, and Sohaib would not be able to talk to her.

But Sohaib would not let this bother him. Sohaib looked over on his right and found Ahmed and went to him. "What will we do?"

"See what you want [to do, and we will do it]."

Sohaib took Ahmed aside. "You know what… see that room over there?"

Ahmed laughed a little. "What are you thinking, you maniac?"

"Come before someone notices… What a disgusting room! I'm already bored."

❖ ❖ ❖

تَسَلَّلَ صُهَيْبُ وَأَحْمَدُ وَسَطَ الْمَجْموعَةِ دونَ أَنْ يُلاحِظَ حُسامُ. وَصَلا إِلى مَدْخَلِ الْغُرْفَةِ الثّانيَةِ وَوَجَداها فارِغَةً.

أَشارَ أَحْمَدُ بِاتِّجاهِ زاوِيَةٍ مِنَ الْغُرْفَةِ: "اُنْظُرْ هُناكَ!" نَظَرَ صُهَيْبُ وَوَجَدَ بِدايَةَ مَمَرٍّ، مِنَ الْواضِحِ أَنَّهُ كانَ شَديدَ الظَّلامِ. إِذا دَخَلَ أَحَدُهُمْ فَلَنْ يَرى أَيَّ شَيْءٍ.

"أَتَعْرِفُ ماذا... دَعْنا نوقِفُ هَذا الْهُراءَ وَنَعودُ. سَوْفَ نَدْخُلُ وَنَتوهُ وَسَتَكونُ كارِثَةً."

"تَوَقَّفْ عَنِ الْخَوْفِ مِنْ كُلِّ شَيْءٍ. نَتوهُ يا رَجُلُ؟ إِنَّهُ اتِّجاهٌ واحِدٌ سَنَسْلُكُهُ، وَإِذا شَعُرْنا بِالْمَلَلِ، فَسَنَعودُ أَدْراجَنا. هاتِفُكَ الْمَحْمولُ وَمِصْباحُكَ، وَلَسْتَ بِحاجَةٍ إِلى أَيِّ شَيْءٍ مِنْ أَحَدٍ!"

"بِصَراحَةٍ، شُعوري لَيْسَ جَيِّدٌ. أَخْرِجْني مِنَ الْمَوْضوعِ."

"كَما تُريدُ." خَطى صُهَيْبُ خُطْوَةً إِلى الأَمامِ.

"هَلْ أَنْتَ ذاهِبٌ بِمُفْرَدِكَ؟"

"أَلا تَرى ذَلِكَ؟"

❖ ❖ ❖

Sohaib and Ahmed sneaked their way through the group without Hussam's noticing. They reached the entrance to the second room and found it empty.

"Look over there." Ahmed pointed toward the corner of the room. Sohaib looked and found the beginning of a corridor, and it was apparent that it was very dark. If one were to go inside, he would not see anything.

"You know what... let's stop this nonsense and go back. We will go in and get lost, and it'll be a disaster."

"Stop worrying over nothing. [What do you mean] get lost, man? It is one direction that we'll take, and if we are bored, we will turn and go back. [You have] your cell phone and your flashlight, and you don't need anything from anyone!"

"Frankly, I'm not feeling it. Count me out (of this)."

"As you like." Sohaib took a step forward.

"Are you going alone?"

"Can't you see that?"

"وَداعًا، إذَنْ، أَرْسِلْ تَحِيّاتِي إلى الْمومْياءِ."

"سَأوصِلُها يا صَديقي. فَقَطْ لا تُخْبِرْ أَحَدًا عَنّي."

"لا تَقْلَقْ، سَيَعْرِفونَ بِأَنْفُسِهِمْ مِنْ صُراخِكَ."

"هممم. مُضْحِكٌ جِدًّا!"

❖ ❖ ❖

أَخْرَجَ صُهَيْبُ هاتِفَهُ الْمَحْمولَ وَدَخَلَ الْمَمَرَّ وَهُوَ لا يُعْرَفُ إلى أَيْنَ يَتَّجِهُ وَلا يرى إلى أَيْنَ سَيَقودُهُ الْمَمَرُّ. أَشْعَلَ مِصْباحَ هاتِفِهِ الْمَحْمولَ وَوَجَدَ أَنَّ الْمَسارَ كانَ يَضيقُ تَدْريجِيًّا. كانَ الْجِدارُ يَضيقُ والسَّقْفُ يُصْبِحُ أَقْصَرَ أَيْضًا.

شَعَرَ صُهَيْبُ بِنَوْعٍ مِنَ التَّرَدُّدِ، لَكِنَّهُ تَجاهَلَ ذَلِكَ وَواصَلَ السَّيْرَ. كانَ الْمَكانُ مُظْلِمًا جِدًّا. بِدونِ مِصْباحٍ يَدَوِيٍّ، لَكانَ الْأَمْرُ كَما لَوْ كانَ أَعْمى.

نَظَرَ صُهَيْبُ إلى وَرائِهِ فَوَجَدَ أَنَّ الضَّوْءَ الْقادِمَ مِنَ الْغُرْفَةِ يَضْعُفُ. وَأَمامَهُ الْمَكانُ لا يَزالُ مُظْلِمًا جِدًّا. بَدَأَ الْأَمْرُ يُقْلِقُهُ، لَكِنَّهُ جازَفَ وَواصَلَ. ماذا سَيَحْدُثُ فِي كُلِّ الأَحْوالِ؟ الْقَليلُ مِنَ الظَّلامِ والْغُبارِ فَقَطْ.

"Goodbye, then. Send the mummy inside my regards."

"I'll make sure it receives it. Just don't tell anyone on me."

'Don't worry, they'll know by themselves from your screams."

'Hmm. Very funny!"

Sohaib got out his cell phone and entered the corridor, and he did not know where he was going and did not see where the corridor would lead him. He turned on the flashlight on his cell phone and found that the path was gradually narrowing. The wall was getting narrower, and the ceiling was getting shorter, as well.

Sohaib felt a kind of hesitation but ignored it and kept going [the same way]. The place was very dark. Without a flashlight, it would have been as though we here blind.

Sohaib looked behind him and found that the light coming from the room was getting weaker. And before him, the place was still so dark. It started to worry him, but he ventured to continue. What would happen, anyway? A little darkness, dust, and that's all.

يّما يَحْدُث أَمْرٌ يُمكِنُ أنْ يُخْبِرَ سَلمى عَنْهُ.

سَمعَ صُهَيْبُ صَوْتَ شَخْصٍ يَتَنَفَّسُ فتوَقَّف. نَظَرَ خَلْفَهُ. كانَ الضَّوْءُ شِبْهَ مُنْعَدِمٍ.

نَظَرَ أمامَهُ. لا أَحَدَ. الْمَكانُ لا يَزالُ مُظْلِمًا. أَقْنَعَ صُهَيْبُ نَفْسَهُ أَنَّهُ كانَ يَتَخَيَّلُ، وَأَخَذَ نَفَسًا عَميقًا وواصَلَ.

بَعْدَ فَتْرَةٍ، نَظَرَ صُهَيْبُ خَلْفَهُ وَوَجَدَ أَنَّ الضَّوْءَ قَدِ اخْتَفى تَمامًا. كانَ أَمامَهُ ضَوْءٌ آخَرُ. كانَ الأَمْرُ كَما لَوْ أَنَّ الضَّوْءَ قَدْ غَيَّرَ مَكانَهُ. أَوْ أَنَّ صُهَيْبَ اسْتَدارَ وَكانَ يَسيرُ فِي الاتِّجاهِ الآخَرِ غَيْرَ مُدْرِكٍ بِذَلِكَ.

عَلى أيِّ حالٍ، لاحَظَ صُهَيْبُ أَنَّ الْغُرْفَةَ الْجَديدَةَ كانَتْ تُشْبِهُ الْغُرْفَةَ السّابِقَةَ. كانَ الأَمْرُ كَما لَوْ كانَتْ نَفسَ الْغُرْفَةِ وَلَكِنْ بِدونِ النّاسِ.

وَصَلَ صُهَيْبُ إِلى الْغُرْفَةِ وَلَمْ يَجِدْ شَيْئًا.

قالَ صُهَيْبُ لِنَفْسِهِ: "ما هَذا الْهُراءُ؟" كانَتِ الْحُجْرَةُ فارِغَةً تَمامًا، وَكانَتِ الأَرْضُ سَوْداءَ وَمَصْنوعَةً مِنَ الْحَجَرِ.

Perhaps something could happen that he could tell Salma about.

Sohaib heard the sound of someone breathing and stopped. He looked behind him. The light [from the room] was almost non-existent.

He looked in front of him. No one. It was still pitch dark. Sohaib convinced himself that he was imagining, took a deep, and continued.

Sometime later, Sohaib looked behind him and found that the light had completely disappeared. In front of him was another light. It was as if the light had swapped places. Or Sohaib had turned and was moving the other direction, unaware.

Anyhow, Sohaib noticed that the new room was similar to the last room. It was as though it were the same room minus the people.

Sohaib reached the room and found nothing.

"What is this nonsense?" Sohaib said to himself in a low voice. The room was completely empty, and the ground was black and made of stone.

كانَتِ الْجُدْرانُ بَيْضاءَ نَقِيَّةً. وَفي مُنْتَصَفِ الْجِدارِ الأَمامِيِّ، لاحَظَ صُهَيْبُ رَسْمًا لِبابٍ. الْغَريبُ أَنَّهُ كانَ يُشْبِهُ الْباب لَكِنَّهُ لَمْ يَكُنْ بابًا... كانَ قَبْرًا.

عَبَسَ صُهَيْبُ وَتَقَدَّمَ نَحْوَ الْقَبْرِ قليلًا. كانَ هُناكَ صَمْتٌ غَيْرَ طَبيعِيٍّ، كَما لَوْ أَنَّ الصَّوْتَ فِي الْغُرْفَةِ قَدْ تَمَّ امْتِصاصُهُ.

بَيْنَما كانَ يَقِفُ عِنْدَ الْقَبْرِ الْمَبْنِيِّ داخِلَ الْجِدارِ، كانَ هُناكَ صَوْتٌ لِشَيْءٍ يَصْطَدِمُ، وَكَأَنَّهُ انْفِجارٌ... وَلَكِنْ فِي نَفْسِ الْوَقْتِ، لَمْ يَكُنِ انْفِجارًا.

نَظَرَ صُهَيْبُ إِلى وَرائِهِ وَقَدْ سَقَطَ قَلْبُهُ.

كانَ يَقِفُ أَمامَهُ شَخْصٌ... مَلْفوفٌ فِي كَفَنٍ مُتَعَفِّنٍ. كانَ الْكَفَنُ مُهْتَرِئًا وَكانَ واضِحًا أَنَّهُ كانَ تَحْتَ الْأَرْضِ. بَعْدَ ثانِيَةٍ، لاحَظَ صُهَيْبُ أَنِ الشَّخْصَ نَفْسَهُ بَدا وَكَأَنَّهُ مَدْفونٌ.

بِغَضِّ النَّظَرِ، بَدَأَ صُهَيْبُ يَخافُ. "مَنْ أَنْتَ؟"

لَمْ يَكُنْ هُناكَ رَدٌّ وَظَلَّ الشَّخْصُ واقِفًا لِمُدَّةِ ثانِيَةٍ. بَعْدَ ذَلِكَ، اِتَّخَذَ خُطْوَةً لِلْأَمامِ بِطَريقَةٍ جَعَلَتْ قَلْبَ صُهَيْبٍ يَسْقُطُ مَرَّةً أُخْرى.

The walls were pure white. In the middle of the front wall, Sohaib noticed the outline of a door. The strange thing was that it looked like a door, but it was not [really] a door... it was a tomb.

Sohaib frowned and advanced toward the tomb a little. There was an unnatural silence as if the sound in the room had been sucked out.

As he was standing at the tomb that was built inside the wall, there was a sound of something crashing, as if it were an explosion... but at the same time, not an explosion.

Sohaib looked behind him, and his heart fell into his leg.

Before him was standing a person... wrapped in a rotten shroud. The shroud was worn out, and it was evident that it had been buried. A second later, Sohaib noticed that the person himself looked like he had been buried.

Regardless, Sohaib was getting scared. "Who are you?"

There was no response, and the person remained standing for a second. After that, he took a step forward in a way that made Sohaib's heart fall into his leg again.

"ماذا تَفْعَلُ يا رَجُلُ... أَجِبْني."

لا إجابَةَ. خُطْوَةٌ أُخْرى. كانَتِ الْمَسافَةُ بَيْنَهُما حَوالَيْ سَبْعِ خُطُواتٍ الآنَ. بَدَأَ صُهَيْبُ في سَماعِ صَوْتِ شَخْصٍ يَتَنَفَّسُ... بِالضَّبْطِ مِثْلَ الَّذي سَمِعَهُ في الْمَمَرِّ الْمُظْلِمِ.

"أَتَعْرِفُ ماذا... تَوَقَّفْ عَنِ الْعَبَثِ. إِذا اقْتَرَبْتَ، سَأَجْعَلُكَ تَنْدَمُ."

لا رَدَّ. مَعَ كُلِّ خُطْوَةٍ، كانَ قَلْبُ صُهَيْبٍ يَنْبُضُ بِشَكْلٍ أَسْرَعَ وَيَزْدادُ خَوْفُهُ. نَظَرَ صُهَيْبُ حَوْلَهُ بِسُرْعَةٍ وَوَجَدَ مَمَرًّا ثانِيًا صَغيرًا عَلى يَسارِهِ.

أَرْبَعُ خُطُواتٍ. بَعْدَ ثانِيَةٍ، رَكَضَ صُهَيْبُ إِلى الأَمامِ وَحَوْلَ هَذا الشَّيْءِ الْمُرْعِبِ الَّذي ظَلَّ واقِفًا وَكَأَنَّهُ يُراقِبُ ما سَيَفْعَلُهُ صُهَيْبُ.

كانَ صُهَيْبُ يُحاوِلُ الْوُصولَ إِلى الْمَمَرِّ الرَّئيسيِّ. لاحَظَ صُهَيْبُ مِنْ زاوِيَةِ عَيْنِهِ أَنَّ الشَّخْصَ قَدْ تَحَرَّكَ.

في غُضونِ ثانِيَةٍ، كانَ الشَّيْءُ يَقْتَرِبُ مِنْهُ بِسُرْعَةٍ.

وَجَدَ صُهَيْبُ نَفْسَهُ يَتَّجِهُ إِلى الْيَسارِ لِيَهْرُبَ. كادَ يَقْتُلُهُ الْخَوْفُ أَوَّلًا. زادَ مِنْ سُرْعَتِهِ وَدَخَلَ الْمَمَرَّ الصَّغيرَ.

"What are you doing, man? Answer me!"

Still no response. Another step. The distance between them was about seven steps now. Sohaib began to hear the sound of someone breathing... exactly the same thing he'd heard in the dark corridor.

'You know what... stop messing around. If you get near, I will make you regret it."

No response. With every step, Sohaib's heart would beat faster, and his fear would increase. Sohaib quickly looked around and found a small second corridor on his left.

Four steps [remained]. A second later, Sohaib ran in front and around this terrifying thing, which remained standing as if to watch what Sohaib was doing.

Sohaib was trying to reach the main corridor. From the corner of his eye, Sohaib noticed that the person had moved.

Within a second, the thing was closing in on him with its speed.

Sohaib found himself moving left to get away. [If anything,] fear would probably kill him first. He increased his speed and entered the small corridor.

كانَ مُضاءً هَذِهِ الْمَرَّةَ مِثْلَ الْغُرْفَةِ الأولى.

في نِهايَةِ المَمَرِّ، كانَتْ هُناكَ غُرْفَةٌ أُخْرى لَيْسَتْ بَعيدَةً. لَكِنَّها كانَتْ مُظْلِمَةً. كانَ صُهَيْبُ لا يَزالُ يَسْمَعُ نَفسَ الشَّيْءِ كَما لَوْ كانَ عالِقًا فِي ظَهْرِهِ.

رَكَضَ صُهَيْبُ إلى نِهايَةِ المَمَرِّ وَأَخْرَجَ هاتِفَهُ الْمَحْمولَ. عِنْدَما وَصَلَ إلى الْغُرْفَةِ، أَشْعَلَ الْمِصْباحَ وَوَجَدَ طاوِلَةً حَجَرِيَّةً كَبيرَةً أَمامَهُ.

كانَ لَوْنُها ذَهَبِيًّا وَعَلَيْها رَسْمٌ لِبابٍ أَيْضًا.

كانَ قَبْرًا آخَرَ. هَذِهِ الْمَرَّةَ، كانَ الْبابُ مَفْتوحًا. كانَ الْبابُ مَوْجودًا عَلى الْجِدارِ الأَمامِيِّ لِلْغُرْفَةِ.

رَكَضَ صُهَيْبُ نَحْوَ الْقَبْرِ، وَبَيْنَما كانَ يَمُرُّ بِهِ، لاحَظَ أَنَّ هُناكَ شَخْصًا آخَرَ بِداخِلِهِ، مِثْلَ الَّذي كانَ يُطارِدُهُ، بِاسْتِثْناءِ شَيْءٍ واحِدٍ.

كانَ هَذا الشَّخْصُ مَيِّتًا، إِلّا أَنَّهُ كانَ يَرْتَدي دِرْعًا وَيُمْسِكُ سَيْفًا.

This time it was illuminated in a way that resembled the very first room.

The end of the corridor was in another room [that was] not far away. But it was dark. Sohaib could still hear the sound of that same thing as if it had been stuck to his back.

Sohaib ran to the end of the corridor and got out his cell phone. When he arrived in the room, he turned on the flashlight and found a large stone table in front of him.

It was golden in color and also had a door outline.

It was another sarcophagus. This time the door was open. The door lay at the front wall of the room.

Sohaib ran towards the sarcophagus. As he passed it, he noticed that there was another person inside, similar to the one chasing him, except for one thing.

This person was dead, not to mention that he was wearing armor and was holding a sword.

مَدَّ صُهَيْبٌ يَدَهُ وَأَمْسَكَ بِالسَّيْفِ. تَفَاجَأَ بِأَنَّ السَّيْفَ كَانَ خَفِيفًا فِي يَدِهِ. اِسْتَدَارَ صُهَيْبٌ وَنَظَرَ لِيَجِدَ الشَّيْءَ وَاقِفًا كَمَا لَوْ كَانَ هُنَاكَ لِفَتْرَةٍ مِنَ الْوَقْتِ.

رَفَعَ صُهَيْبٌ السَّيْفَ. "إِذَا اقْتَرَبْتَ مِنِّي، فَسَأُدَمِّرُكَ... وَأَنْتَ لَسْتَ بِحَاجَةٍ إِلَى الْمَزِيدِ."

أَكَّدَ الصَّوْتُ الَّذِي خَرَجَ مِنَ الشَّيْءِ لِصُهَيْبٍ أَنَّهُ فِعْلًا كَانَ يَتَحَدَّثُ إِلَى مُومْيَاءَ. نَاهِيكَ عَنْ أَنَّ قَلْبَهُ كَادَ يَخْرُجُ مِنَ الذُّعْرِ. شَتَمَهَا صُهَيْبٌ فِي نَفْسِهِ.

فَجْأَةً رَكَضَتِ الْمُومْيَاءُ نَحْوَ صُهَيْبٍ. لَمْ يَكُنْ هُنَاكَ وَقْتٌ أَوْ طَاقَةٌ لِيُوَاصِلَ صُهَيْبٌ الْجَرْيَ.

رَفَعَ صُهَيْبٌ السَّيْفَ قَلِيلًا وَأَرْجَحَهُ عَلَى رَأْسِ الْمُومْيَاءِ.

اِنْغَرَسَ السَّيْفُ فِي نِصْفِ رَأْسِهَا. وَرُبَّمَا كَانَ الصَّوْتُ الَّذِي خَرَجَ مِنْهَا صَوْتَ أَلَمٍ شَدِيدٍ.

رَأَى صُهَيْبٌ ذِرَاعَ الْمُومْيَاءِ وَهِيَ تَتَحَرَّكُ وَفَجْأَةً شَعَرَ بِضَغْطٍ هَائِلٍ حَوْلَ حَلْقِهِ. كَانَ الضَّغْطُ يَتَزَايَدُ بِسُرْعَةٍ وَشَعَرَ صُهَيْبٌ بِأَلَمٍ رَهِيبٍ.

Sohaib reached out and grabbed the sword. He was surprised that the sword was light in his hand. Sohaib turned and looked over to find the thing standing as if it had been there for a while.

Sohaib raised the sword. "If you come near me, I'll ruin you… and it's not like you need any more ruining."

The sound that came out of the thing confirmed to Sohaib that he was literally talking to a mummy. Not to mention that his heart had almost jumped [out of his chest] from the scare. Sohaib swore at it to himself.

Suddenly the mummy ran towards Sohaib. There was no time or energy for Sohaib to keep running.

Sohaib raised the sword a little more and swung it down it on the head of the mummy.

The sword cracked half of its head. And the sound that left it was probably the sound of severe agony from it.

Sohaib saw the mummy's arm moving, and suddenly there was a massive pressure around his throat. The pressure was increasing fast, and Sohaib felt terrible pain.

وَجَدَ صُهَيْبُ نَفْسَهُ يَصْرخُ مِنَ الألَمِ، لَكِنْ لَمْ يَكُنْ هُناكَ أَحَدُ لِسَماعِ صُراخِهِ.

كانَ السَّيْفُ لا يَزالُ في يَدِهِ، رَفَعَهُ صُهَيْبُ وَأَنْزَلَهُ عَلى رَأْسِ الْمومْياءِ مَرَّةً أُخْرى.

اِنْقَسَمَ رَأْسُ الْمومْياءِ إِلى نِصْفَيْنِ وَضَعُفَ الضَّغْطُ حَوْلَ حَلْقِهِ فَجْأَةً. سَقَطَ صُهَيْبُ عَلى رُكْبَتَيْهِ وَشَرَعَ في السُّعالِ بِقُوَّةٍ.

بَعْدَ فَتْرَةٍ، نَهَضَ صُهَيْبُ وَلاحَظَ أَنَّ الْمومْياءَ أَصْبَحَتْ أَكْثَرَ بَشاعَةً وَأَنَّها لا تَتَحَرَّكُ. كَما لَوْ كانَتْ نائِمَةً وَهِيَ واقِفَةٌ.

رَفَعَ صُهَيْبُ ساقَهُ الْيُمْنى وَرَكَلَ الْمومْياءَ في رِجْلِها.

طارَتْ ساقُ الْمومْياءِ كَما لَوْ كانَتْ مَصْنوعَةً مِنَ الْخَشَبِ. سَقَطَتِ الْمومْياءُ عَلى وَجْهِها.

بَصَقَ عَلَيْها صُهَيْبُ وَشَتَمَها مَرَّةً أُخْرى. لِلَحْظَةٍ تَذَكَّرَ أَحْمَدَ وَلَمْ يَعْرِفْ هَلْ يَبْكي أَمْ يَضْحَكُ.

كانَ حَلْقُهُ يَقْتُلُهُ مِنَ الأَلَمِ. سَمِعَ صُهَيْبُ صَوْتًا مِنْ خَلْفِهِ وَأَغْمَضَ عَيْنَيْهِ لِلَحْظَةٍ.

Sohaib found himself screaming in agony, but no one else was there to hear his screams.

The sword still in his hand, Sohaib raised it and swung it down on the head of the mummy again.

The head of the mummy was split in half, and the pressure around his throat suddenly weakened. Sohaib fell on his knees and proceeded to cough a lot.

After a while, Sohaib got up and noticed that the mummy had become even uglier and that it wasn't moving. As if it was sleeping while it was standing.

Unable to believe himself, Sohaib raised his right leg and kicked the mummy in its own leg.

The mummy's leg flew off as if it were made of wood. The mummy fell flat on its face.

Sohaib spat on it and cursed again. For a moment, he remembered Ahmed and didn't know whether to cry or to laugh.

His throat was killing him from the pain. Sohaib heard a voice behind him and shut his eyes for a second [out of frustration].

صوْتُ أَقْدامٍ عَلى الرِّمالِ. دونَ أَنْ يَلْتَفِتَ، فَهِمَ صُهَيْبُ مَصْدَرَ هَذا الصَّوْتِ.

وبَعْدَ ذَلِكَ سَمِعَ صُهَيْبُ صَوْتَ الْمومْياءِ الْمُدَرَّعَةِ وَهِيَ تَتَحَدَّثُ بِلُغَةٍ غَريبَةٍ. اِسْتَدارَ صُهَيْبُ وَسَأَلَ نَفْسَهُ: "ما هَذا بِحَقِّ الْجَحيمِ؟"

كانَتْ هَذِهِ الْمومْياءُ أَكْبَرَ وَأَطْوَلَ بِكَثيرٍ مِنَ الْأولى. لَمْ يَكُنْ نِصْفُ وَجْهِها مَرْئِيًّا بِسَبَبِ الْخَوْذَةِ. كانَتْ عَيْناها زَرْقاوتانِ مُتَوَهِّجَتانِ.

وَفَجْأَةً مَدَّتِ الْمومْياءُ ذِراعَها. وَجَدَ صُهَيْبُ السَّيْفَ فِي يَدِهِ يَرْتَجِفُ كَأَنَّ أَحَدًا يَمْسِكُ بِهِ.

لَمْ يَسْتَطِعْ صُهَيْبُ تَحَمُّلَ ذَلِكَ، فَتَرَكَ السَّيْفَ. بَعْدَ ذَلِكَ، طارَ السَّيْفُ حَرْفِيًّا مِنْ يَدِهِ إِلى يَدِ الْمومْياءِ.

ظَلَّ صُهَيْبُ يُحَدِّقُ.

"ماذا...؟!"

"أَنْتَ فِي أَرْضٍ لَيْسَتْ لَكَ."

The sound of feet on the sand. Without turning, Sohaib understood from what that sound was coming from.

After that, Sohaib heard the sound of the armored mummy while it was speaking a strange language. Sohaib turned and asked himself, "What the hell is going on?"

This mummy was much larger and taller than the first. Half of its face was not visible because of the helmet. Its eyes were glowing blue.

Suddenly the mummy reached out with its arm. Sohaib felt the sword in his hand, shaking as if someone was pulling on it.

Sohaib could not bear it, so he let go. After that, the sword literally flew out of its hand into the mummy's hand.

Sohaib [just] stared.

"What the… ?"

"You are on a land that is not yours."

عِنْدَما سَمِعَ صُهَيْبُ هَذِهِ الْجُمْلَةَ، اِعْتَقَدَ أَنَّ شَخْصًا آخَرَ كانَ يَتَحَدَّثُ. كانَ الصَّوْتُ عَميقًا جِدًّا، وَكَأَنَّهُ قادِمٌ مِنْ شَخْصٍ مُصابٍ بِسَرطانِ الْحَلْقِ.

"أَنْتَ عَلى أَرْضٍ مَلْعونَةٍ."

"أُريدُ الْخُروجَ مِنْ هُنا في كُلِّ الْأَحْوالِ. كَيْفَ أَخْرُجُ؟"

مَنْ دَخَلَ الْأَرْضَ الْمَلْعونَةَ لا يَتْرُكُها مَرَّةً أُخْرى. يَجِبُ أَنْ يَدْفَعَ الثَّمَنَ."

"ثَمَنٍ؟ ما الَّذي سَتَفْعَلُهُ بِالْمالِ؟ لِتَحْصُلَ عَلى تَقْويمٍ لِلْأَسْنانِ؟"

نَدِمَ صُهَيْبُ عَلى ما قالَهُ عِنْدَما رُفِعَ السَّيْفَ في يَدِ الْمومْياءِ. "الثَّمَنُ هُوَ حَياتُكَ. لَدَيْكَ كَلِماتٌ أَخيرَةٌ؟"

"لِمَنْ؟"

تَحَرَّكَتِ الْمومْياءُ واسْتَدارَ صُهَيْبُ لِيَعودَ إِلى الْمَمَرِّ. بَيْنَما كانَ يَتَقَدَّمُ، خَرَجَ بابٌ مَصْنوعٌ مِنَ الْحَجَرِ مِنَ الْأَرْضِ وَأُغْلِقَ عَلَيْهِ.

الطَّريقُ الْوَحيدُ الْآنَ كانَ وَراءَ الْمومْياءِ. كانَ الْأَدْرينالينُ يَرْتَفِعُ بِسُرْعَةٍ وَكادَ الْخَوْفُ يَقْتُلُهُ.

Sohaib, when he heard this sentence, thought that someone else was speaking. The voice was very deep and was as if it were coming from someone who had throat cancer.

"You are on a cursed land."

"I want to get out of here, anyway. How do I get out?"

"He who is on the cursed land does not leave it again. He must pay the price."

"Price? What do you want money for? To get braces?"

Sohaib regretted what he said when the sword in the mummy's hand was raised. "The price is your life. Any last words?"

"For whom?"

The mummy moved, and Sohaib turned to go back in the corridor. As he was advancing toward the entrance, a door made of stone jutted out from the ground and closed it off.

The only way now was behind the mummy. Adrenaline was actively running, and the fear was killing him.

اِسْتَدارَ صُهَيْبُ وَرَكَضَ إِلى الأَمامِ بِسُرْعَةٍ كَبيرَةٍ.

عِنْدَما وَصَلَ إِلى الْمومْياءِ، اِنْزَلَقَ تَحْتَها. نَهَضَ بِسُرْعَةٍ وَرَكَضَ نَحْوَ الْبابِ.

بِالطَّبْعِ كانَ البابُ يَنْغَلِقُ، لَكِنَّهُ تَمَكَّنَ مِنَ الْمُرورِ في الْوَقْتِ الْمُناسِبِ وَأَغْلَقَ الْبابُ خَلْفَهُ.

كانَ صُهَيْبُ الآنَ في الظَّلامِ الدّامِسِ وَلَمْ يَرَ أَمامَهُ شَيْئًا. كانَ قَلْبُهُ مُضْطَرِبًا وَكانَ هُناكَ أَلَمٌ شَديدٌ في صَدْرِهِ.

بَدَأَ التَّعَبُ يَأْخُذُ مِنْهُ مَأْخَذَهُ.

بِمُجَرَّدِ أَنْ فَكَّرَ في الْجُلوسِ عَلى الأَرْضِ، بَدَأَ البابُ يَنْفَتِحُ مَرَّةً أُخْرى، وَظَهَرَ ظِلُّ خوذَةٍ بِجانِبِ رِجْلِهِ.

"ابْنُ الْ...!"

نَهَضَ صُهَيْبُ بِسُرْعَةٍ وَاِسْتَدارَ وَأَخْرَجَ هاتِفَهُ الْمَحْمولَ. فَتَحَهُ وَوَجَدَ أَنَّ الْبَطّارِيَّةَ قَدْ نَفِدَتْ.

لَمْ يَكُنْ لَدَيْهِ خَيارٌ سِوى الْجَرْيَ في الظَّلامِ. رَكَضَ صُهَيْبُ مِثْلَ الصّاروخِ حَتّى وَصَلَ إِلى الْغُرْفَةِ الّتي كانَتْ فيها الْمومْياءُ الأولى.

Sohaib turned and ran forward very quickly.

When he reached the mummy, he slid underneath. He quickly stood up and ran towards the door.

Of course, the door was closing, but he managed to pass through in time, and the door closed behind him.

Now Sohaib was in complete blackness and didn't see anything in front of him. His heart was agitated, and he was there was a stiff pain in his chest.

Fatigue was starting to take hold.

As soon as he thought about sitting on the ground, the door began to open again, and the shadow of a helmet appeared next to his leg.

"Son of a …!"

Sohaib quickly got up, turned around, and got out his cell phone. He turned it on and found that the battery had run out.

He had no choice except to run in the dark. Like a rocket, Sohaib ran until he reached the room where the first mummy was located.

لَمْ يَكُنْ صُهَيْبُ شَخْصًا رِياضِيًّا، وَلَمْ يَسْبِقْ لَهُ الرَّكْضَ كُلَّ هَذِهِ الْمَسافَةِ بِهَذِهِ السُّرْعَةِ فِي حَياتِهِ. كانَ يَشْعُرُ بِالْقَلَقِ مِنْ أَنْ يَنْهارَ مِنَ التَّعَبِ.

لاحَظَ صُهَيْبُ أَنِ الْمَمَرَّ الرَّئِيسِيَّ مَفْتوحٌ أَمامَهُ. أَخيرًا، يُمْكِنُهُ الْهُروبُ.

بَيْنَما كانَ صُهَيْبُ مُتَّجِهًا إِلى الْمَمَرِّ، لاحَظَ شَيْئًا يَتَحَرَّكُ فِي الظَّلامِ. بَعْدَ ثانِيَتَيْنِ، كانَتِ الْمومْياءُ تَقِفُ أَمامَهُ.

شَعَرَ صُهَيْبُ بِابْتِسامَةٍ عَلى وَجْهِ الْمومْياءِ الْمُشَوَّهِ.

"لا مَفَرَّ مِنَ الْمَوْتِ. يَجِبُ أَنْ تَدْفَعَ الثَّمَنَ." كانَ صَوْتُ الْمومْياءِ يَرِنُّ فِي أُذُنِ صُهَيْبٍ.

بَدَأَ يَشْعُرُ بِالْيَأْسِ، وَبِأَنَّهُ فِعْلًا لَمْ يَكُنْ هُناكَ مَفَرٌّ مِنْ هَذا السِّحْرِ. كَما لَوْ كانَتْ هُناكَ لَعْنَةٌ بِالْفِعْلِ.

فَجْأَةً لاحَظَ صُهَيْبُ حَرَكَةً عَلى يَسارِهِ. كانَ الْغُبارُ يَتَحَرَّكُ كَما لَوْ كانَ حَيًّا.

بَعْدَ ذَلِكَ، وَقَفَ الْغُبارُ مُسْتَقيمًا. كانَ الْغُبارُ يَدورُ حَوْلَ نَفْسِهِ. لاحَظَ صُهَيْبُ رَسْمًا لِشَخْصٍ وَسَطَ حَرَكَةِ التُّرابِ.

Sohaib was not an athletic person and had never run this distance with such speed in his life. He was worried he might collapse from fatigue.

Sohaib noticed that the main corridor was open for him. Finally, he could escape.

As Sohaib was going into the corridor, he noticed something moving in the dark. Two seconds later, the mummy was standing in front of him.

Sohaib detected what looked like a smile on the mummy's deformed face.

"There is no escape from death. You must pay the price." The mummy's voice was ringing in Sohaib's ears.

He was starting to feel hopeless and that there was actually no escape from this magic. As if there were indeed a curse.

Suddenly, Sohaib noticed movement to his left. Dust was moving as if it was animated.

Afterward, the dust stood on its own accord. The dust was revolving around itself. Sohaib noticed the outline of a figure amidst the movement of dirt.

بَعْدَ ثوانٍ، كانَتْ هُناكَ مومْياءُ أُخْرى واقِفَةً، تَحْمِلُ سَيْفًا ضِعْفَ حَجْمِ الآخَرِ. نَظَرًا لِحَجْمِهِ، كانَ رَأْسُ السَّيْفُ يَلْمِسُ الأَرْضَ.

ظَلَّتِ الْمومْياءَ تَنْظُرُ إلى صُهَيْبٍ لِبَعْضِ الْوَقْتِ، ثُمَّ فَجْأَةً نَظَرَتْ إلى الْمومْياءِ الأولى.

"تُحْتُمُسْ... هَذا لَيْسَ شَأْنُكَ."

كانَ الصَّوْتُ الْمُنْبَعِثُ مِنْها مُشابِهًا لِصَوْتِ الْمومْياءِ الأولى، لَكِنَّهُ كانَ مُخْتَلِفًا. شَعُرَ صُهَيْبُ بِإِنْسانِيَّتِها رَغْمَ شَكْلِها.

كانَ اسْمُ الْمومْياءِ الأولى تُحْتُمُسْ... وَتُحْتُمُسْ رَدَّ بِلُغَةٍ مُخْتَلِفَةٍ. وَبَدا مِنْ صَوْتِهِ أَنَّهُ غاضِبٌ. كان هَذا بِالتَّأْكيدِ لِسانُ الْفَراعِنَةِ، لُغَةُ الْمِصْرِيّينَ الْقُدامى.

بَقِيَتِ الْمومْياءُ الْجَديدَةُ صامِتَةً لِبَعْضِ الْوَقْتِ. "أَنا أَتَحَدَّثُ بِاللُّغَةِ الَّتِي تَحْلو لِي...كما أَنَّ مَكانَكَ لَيْسَ هُنا. غادِرْ، أَوْ سَأُضْطَرُّ إلى إِخْراجِكَ بِنَفْسي."

كانَ الْغَضَبُ واضِحًا عَلى تُحْتُمُسْ واتَّخَذَ وَضْعِيَّةَ الْقِتالِ وَرَفَعَ سَيْفَهُ.

Seconds later, there was another mummy standing, holding a sword twice the size of the other one. Due to its size, the tip of the sword rested on the ground.

The mummy's gaze remained fixed on Sohaib for a time, and then suddenly, it looked toward the first mummy.

"Thutmose… this is none of your business."

The sound that came out of it was similar to the first mummy but was different. Sohaib felt its humanity despite its appearance.

The first mummy was named Thutmose… and Thutmose responded in a different language. It was apparent from his voice that he was angry. Surely that was the tongue of the pharaohs–the language of the ancient Egyptians.

The new mummy remained silent for a while. "I speak whatever language I please. Also, your place is not here. Leave, or I will have to escort you out myself."

The anger was apparent on Thutmose, and he took a fighting position and raised his sword.

"لَنْ تَحْتَمِلَ ضَرْبَةً مِنّي." كانَتْ هَذِهِ الْمومْياءُ هادِئَةً لِلْغايَةِ، عَلى عَكْسِ تُحُتْمُسْ.

كانَتِ المُومْياءُ تَقِفُ فَجْأَةً بِجانِبِ تُحُتْمُسْ. دَوّى صَوْتُ السَّيْفَيْنِ وَهُما يَتَصادَمانِ في أُذُنَيْ صُهَيْبٍ.

كانَتِ الْحَرَكَةُ سَريعَةً جِدًّا مِنَ الْمومْياءِ الأُخْرى لِدَرَجَةِ أَنَّ صُهَيْبَ لَمْ يَسْتَطِعْ رُؤْيَةَ ما حَدَثَ.

وَظَلَّ الأَمْرُ يَتَكَرَّرُ عِدَّةَ مَرّاتٍ، بَيْنَما كانَ صُهَيْبُ واقِفًا يُشاهِدُ، غَيْرَ مُصَدِّقٍ.

كانَ تُحُتْمُسْ مُتَماسِكًا، لَكِنْ كانَ واضِحًا لِصُهَيْبٍ مَنِ الْفائِزُ.

بَعْدَ الْعَديدِ مِنَ الضَّرَباتِ بَيْنَ السَّيْفَيْنِ والرَّنينِ في أُذُنَيْ صُهَيْبٍ، ضَرَبَتِ الْمومْياءُ تُحُتْمُسْ في صَدْرِهِ.

دَخَلَ السَّيْفُ الْكَبيرُ إِلى صَدْرِ تُحُتْمُسْ وَكانَ الصَّوْتُ سَيِّئًا لِلْغايَةِ. سَحَبَتِ الْمومْياءُ السَّيْفَ وَبَعْدَ ذَلِكَ اسْتَدارَتْ وَقَطَعَتْ رَأْسَ تُحُتْمُسْ.

وَفي لَحْظَةٍ، تَحَوَّلَ تُحُتْمُسْ إِلى غُبارٍ، عَلى غِرارِ ذَلِكَ الَّذي خَرَجَتْ مِنْهُ الْمومْياءُ، واخْتَفى.

"You won't survive a [single] hit." This mummy was very calm, unlike Thutmose.

The mummy was suddenly standing next to Thutmose. The sound of the two swords while they were clashing rang in Sohaib's ears.

The movement was so fast from the other mummy that Sohaib could not see what happened.

This repeated itself for a time, while Sohaib was standing and watching, disbelieving.

Thutmose was holding on, but it was clear to Sohaib who was winning.

After many clashes of the swords and the ringing sounds in the ears of Sohaib, the mummy hit Thutmose in his chest.

The big sword entered Thutmose's chest, and the sound was very bad. The mummy pulled out the sword, and after that, it turned and decapitated Thutmose.

In a [single] moment, Thutmose turned into dust, similar to the one the mummy had come out of, and disappeared.

ظَلَّتِ الْمومْياءُ واقِفَةً قَليلًا وَظَهْرُها إِلى صُهَيْبٍ. أَدْرَكَ صُهَيْبُ أَنْ نِهايَتَه كانَتْ قَريبَةً.

سْتَدارَتِ الْمومْياءُ وَنَظَرَتْ مُباشَرَةً في عَيْنَيْ صُهَيْبٍ.

"انا أَحْمُسْ. لِماذا دَخَلْتَ هَذا الْمَكانَ؟"

لَمْ يَعْرِفْ صُهَيْبُ ماذا يَقولُ. "صَدِّقْني، لا أَعْرِفُ شَيْئًا."

حَذَّرَكَ صَديقُكَ مِنْ دُخولِ الْمَمَرِّ. هَلْ تَعْلَمُ ماذا يَعْني وُجودُكَ هُنا؟"

"لا... ماذا؟"

لَعْنَةٌ."

"أَيُّ لَعْنَةٍ؟ أُريدُ الْعَوْدَةَ إِلى الْمَنْزِلِ."

"سَتَعودُ. لا تَقْلَقْ، لَنْ أُؤْذيَكَ. لَكِنْ يَجِبُ أَنْ تَعْرِفَ لَعْنَتَكَ."

❖ ❖ ❖

كانَ صُهَيْبُ يَقِفُ عِنْدَ الْغُرْفَةِ الصَّغيرَةِ بِجانِبِ الْغُرْفَةِ الرَّئيسِيَّةِ الَّتي تَضُمُّ مَجْموعَتَه. عِنْدَما دَخَلَ، رَآهُمْ مُجْتَمِعينَ مَعًا.

The mummy remained standing a little bit with its back to Sohaib. Sohaib knew that his end was near.

The mummy turned and looked straight into Sohaib's eyes.

"I am Ahmose. Why did you enter this place?"

Sohaib did not know what to say. "Believe you me, I know nothing."

"Your friend warned you not to enter the corridor. Do you know what your presence here means?"

"No... what?"

"A curse."

"What curse? I want to go home."

"You will go. Do not worry. I will not harm you. But you must know your curse."

Sohaib was standing at the [entrance of the] small room leading to the main room that his group was in. When he entered, he saw them gathered together.

عِنْدَما لَمَحوهُ، اِجْتَمَعوا حَوْلَهُ.

كانَ حُسامُ يَقِفُ أَمامَهُ. كانَ الرُّعْبُ عَلى وَجْهِهِ. "صُهَيْبُ! أَيْنَ كُنْتَ؟! ماذا حَدَثَ لَكَ؟!"

"أوهْ، لا شَيْءَ... كُنْتُ أَسْتَكِشفُ قَليلًا."

"لا شَيْءَ؟! يا بُنَيَّ، تَبْدو كَما لَوْ أَنَّ شَخْصًا ما كانَ عَلى وَشْكِ قَتْلِكَ! هَلْ تُهْتَ في الدّاخِلِ؟"

أَوْمَأَ صُهَيْبُ بِرَأْسِهِ.

"الْمُهِمُّ أَنَّكَ بِخَيْرٍ. أَلَمْ يَكُنْ مَعَكَ صَديقُكَ أَحْمَدُ؟"

تَعَجَّبَ صُهَيْبُ. "لا... هُوَ لَيْسَ هُنا؟"

"لا... لَمْ يَعْثُرْ عَلَيْهِ أَحَدٌ. لَقَدِ اخْتَفى في نَفْسِ الْوَقْتِ الَّذي اِخْتَفَيْتَ فيهِ. نَحْنُ عَلى يَقينٍ مِنْ أَنَّنا سَنَجِدُهُ في الدّاخِلِ. اِبْحَثوا عَنْهُ يا جَماعَةُ! واتْرُكوا هَواتِفَكُمُ الْجَوّالَةَ مَفْتوحَةً!"

❖ ❖ ❖

كانَ صُهَيْبُ يَنْظُرُ مِنْ نافِذَةِ الْحافِلَةِ بِاتِّجاهِ النّيلِ. الشَّمْسُ كانَتْ تَغْرُبُ. كانَ صُهَيْبُ يُحَدِّقُ، وَلا يَزالُ غَيْرَ قادِرٍ عَلى اسْتيعابِ ما حَدَثَ في السّاعاتِ الْقَليلَةِ الْماضِيَةِ.

When they saw him, they all gathered around him.

Hussam was standing in front of him. There was terror on his face. "Sohaib! Where were you ?! What happened to you?!"

"Oh, it's nothing... I was just exploring for a bit."

"Nothing?! Son, you look as if someone was about to kill you! Did you get lost inside?"

Sohaib nodded.

"What is important is that you are fine. Ahmed, your friend, wasn't with you?"

Sohaib was confused. "No... he's not here?"

"No... nobody has found him. He disappeared at the same time that you disappeared. We are sure to find him inside. Everyone search for him! Everyone, cell phones on!"

Sohaib was looking from the window of the bus toward the Nile. The sun was setting. Sohaib was staring, still unable to process what happened the past few hours.

"ما بِكَ يا صُهَيْبُ؟ لِماذا تَبْدو مِثْلَ الْمومْياءِ؟"

نَظَرَ صُهَيْبُ عَلى الْفَوْرِ إلى أَحْمَدَ. كانَتْ هُناكَ ابْتِسامَةٌ عَلى وَجْهِهِ... وَتَحْتَها كانَ هُناكَ شَيْءٌ آخَرُ.

ظَلَّ صُهَيْبُ يُنْظَرُ إِلَيْهِ لِبَعْضِ الْوَقْتِ. ثُمَّ فَهِمَ الأَمْرَ كُلَّهُ رَغْمَ حَجْمِهِ. وَصَلَ إِلَيْهِ الإِدْراكُ بِبُطْءٍ. أُصيبَ صُهَيْبُ بِالذُّهولِ.

أَحْمَدُ.

أَحْمُسُ.

رُبَّما لَمْ يَكُنْ أَحْمُسُ مُجَرَّدَ مومْياءٍ... وَلَمْ يَكُنْ أَحْمَدُ مُجَرَّدَ إِنْسانٍ.

كانَ أَحْمَدُ هُوَ مَنْ أَنْقَذَ صُهَيْبَ مِنْ تُحُتْمُسْ.

"What's wrong, Sohaib? Why are you acting like a mummy?"

Sohaib immediately looked at Ahmed. He had a smile on his face... and underneath [that smile], there was something else.

Sohaib's gaze remained fixed on him for a time. Then he understood the whole thing, despite the weight of understanding it. The realization reached him slowly. Sohaib was dumbfounded.

Ahmed.

Ahmose.

Perhaps, Ahmose was not just a mummy... and Ahmed was not just a human being!

Ahmed was the one who had rescued Sohaib from Thutmose!

Arabic Text without Tashkeel

For a more authentic reading challenge, read the story without the aid of diacritics (tashkeel) and the parallel English translation.

المومياء

كان النيل أزرقا، وكان النهار شديد الحرارة. كانت الشمس قوية جدا، وشعر صهيب بحرارة شديدة.

شعر صهيب بالملل وهو يشاهد الشارع. لم تكن السيارات كثيرة، وكان يراقب كل واحدة وهي تمر بجانبه.

كان صهيب ورفاقه في الصف في رحلة بالحافلة إلى أسوان لزيارة معبد أبو سمبل، نظمته جامعتهم. كان زملاء صهيب متحمسين، لكن صهيب كان يفضل العودة إلى المنزل.

"ما بك صهيب؟ لماذا أنت متضايق؟"

نظر صهيب ووجد زميله أحمد. "لا شيء، يا أحمد... فقط أتأمل قليلا."

"حسنا، استيقظ إذن لأننا قد اقتربنا."

بعد ربع ساعة، وصلت الحافلة إلى المعبد. كان هناك عدد قليل من السياح من بلدان مختلفة، لكن لم يكن عددهم كبيرا. نزل صهيب من الحافلة مع زملائه.

ظل صهيب ينظر إلى فتاة زميلته. اسمها سلمى. كان صهيب يحبها لكنه كان خائفا من إخبارها بمشاعره وألا يكون لها أي مشاعر تجاهه.

أخذ صهيب نفسا عميقا وأخرجه. بعد ذلك نظر إلى الأعلى ونظر إلى التماثيل الكبيرة. كلها كانت متماثلة. كانت التماثيل مصفوفة كما لو كانت عائلة ملكية.

ولاحظ صهيب أن أحد التماثيل فقد نصفه العلوي. فسأل صهيب أحمد: "أين ذهب النصف العلوي؟"

"حدث زلزال أدى إلى سقوط النصف العلوي. بقي النصف السفلي فقط."

كان صهيب فضوليا بعض الشيء. "حسنا، ولمن هذه التماثيل؟"

"كل التماثيل لنفس الشخص... رمسيس الثاني."

"هذا يعني أن هذا كان فرعونا، وصنع لنفسه أربعة تماثيل؟ إنه متغطرس!"

"من حقه. لقد فعل أشياء عظيمة في مسيرته."

"مثل ماذا؟"

"مثل هذا المعبد الذي أمامك. تخيل أن تنحت معبدا في سفح جبل منذ ثلاثة ألف سنة!"

"وجهة نظر محترمة." ظل صهيب ينظر إلى التمثال لبعض الوقت. بعد ذلك دخل هو وزملاؤه المعبد.

❖ ❖ ❖

كان المنظر في الداخل مذهلا. على اليمين واليسار، كان هناك صفان من التماثيل التي تشبه تماما تلك الموجودة بالخارج.

شعر صهيب وكأنه قد عاد بالفعل إلى الوراء ثلاثة آلاف سنة، وأنه كان في عهد الفراعنة. شعر صهيب أن الأمر بدأ بالفعل يصبح شيقا.

كانت الأرض صلبة ومغطاة بالرمال، وفي نهاية الممر بدت هناك غرفة كبيرة مضاءة بشكل خافت. عندما دخلت المجموعة، وجد صهيب أن الغرفة كانت مضاءة بالفعل بمصابيح معلقة على الجدران.

كان الجدار أيضا ذو لون ذهبي خافت، وكانت به تشققات. وخرج شخص من المجموعة المكونة من صهيب وزملائه والمنظمين. كان المنظمون شبانا أيضا، ولم يكن فارق السن بينهم وبين صهيب كبيرا.

الشخص الذي غادر المجموعة كان أحد المنظمين. كان نحيفا وله لحية خفيفة، وكان يرتدي قميصا أحمرا، وسروالا جينز أزرقا وحذاء أبيضا. كان شعره قصيرا ولونه بني داكن.

خطى خطوتين ثم استدار ونظر إلى المجموعة. "حسنا يا رفاق، اسمي حسام، واليوم سأكون مسؤولا عن الرحلة من هذه اللحظة إلى أن نعود إلى

الحافلة. إذا كان لدى أي شخص سؤال، أو يريد الذهاب إلى الحمام، أو لديه ما يقوله، فليقل لي. هل نحن متفقون؟"

"متى سنرى المومياء؟" سأل فتى سخيف من المجموعة.

قال حسام مبتسما: "ستراها، لا تقلق." كان من الواضح على وجهه أنه كان يسخر.

اقترب أحمد من صهيب وقال بصوت منخفض. "تخيل أن نجدها على قيد الحياة!"

"لا بأس. سأجعلها تلاحقك."

"يا لك من ظريف يا صهيب."

"اخرس، نريد أن نسمع!"

كان حسام يشرح كيف ستتم الرحلة، وكيف سيتجولون حول المعبد. "أول شيء، سننقسم في هذه الغرفة لمن يريد أن يرى الكتابات على الجدران أو التماثيل الموجودة هنا، أو إذا أراد أحد أن يدخل الحمام. سنبقى نصف ساعة ثم نجتمع هنا مرة أخرى. لا أحد يبتعد كثيرا، ولا أحد يدخل أي غرفة أو ممر لا ينتمي إلى برنامجنا."

"تبدو خائفا من لعنة الفراعنة!" قال أحد زملاء صهيب لكنه شعر بخطئه في تلك اللحظة. ساد الصمت التام وكان الصبي محرجا جدا.

تغير وجه حسام، وشعر صهيب أنه على وشك قول شيء سيء للصبي. "تبدو سخيفا، وأنصحك بعدم التحدث مرة أخرى."

بعد ذلك نظر حسام إلى كل المجموعة. "هل لدى أحدكم أسئلة، يا جماعة؟ حسنا، نصف ساعة ونلتقي جميعا هنا." انقسمت المجموعة إلى مجموعات أصغر، ذهبت في اتجاهات مختلفة. لسوء الحظ، كان مع سلمى الكثير من الأشخاص، ولم يتمكن صهيب من التحدث إليها.

لكن صهيب لم يدع الأمر يزعجه. نظر صهيب إلى يمينه فوجد أحمد فذهب إليه. "ماذا سنفعل؟"

"أنت ماذا تريد."

وجذب صهيب أحمد جانبا. "أتعرف ماذا... هل ترى تلك الغرفة هناك؟"

ضحك أحمد قليلا. "بماذا تفكر أيها المجنون؟"

"تعال قبل أن يلاحظ أحد... يا لها من غرفة مقرفة، إنني أشعر بالملل."

❖ ❖ ❖

تسلل صهيب وأحمد وسط المجموعة دون أن يلاحظ حسام. وصلا إلى مدخل الغرفة الثانية ووجداها فارغة.

أشار أحمد باتجاه زاوية من الغرفة: "انظر هناك!" نظر صهيب ووجد بداية ممر، من الواضح أنه كان شديد الظلام. إذا دخل أحدهم فلن يرى أي شيء.

"أتعرف ماذا... دعنا نوقف هذا الهراء ونعود. سوف ندخل ونتوه وستكون كارثة."

"توقف عن الخوف من كل شيء. نتوه يا رجل؟ إنه اتجاه واحد سنسلكه، وإذا شعرنا بالملل، فسنعود أدراجنا. هاتفك المحمول ومصباحك، ولست بحاجة إلى أي شيء من أحد!"

"بصراحة، شعوري ليس جيد. أخرجني من الموضوع."

"كما تريد." خطى صهيب خطوة إلى الأمام.

"هل أنت ذاهب بمفردك؟"

"ألا ترى ذلك؟"

"وداعا، إذن، أرسل تحياتي إلى المومياء."

"سأوصلها يا صديقي. فقط لا تخبر أحدا عني."

"لا تقلق، سيعرفون بأنفسهم من صراخك."

"هممم. مضحك جدا!"

❖ ❖ ❖

أخرج صهيب هاتفه المحمول ودخل الممر وهو لا يعرف إلى أين يتجه ولا يرى إلى أين سيقوده الممر. أشعل مصباح هاتفه المحمول ووجد أن المسار كان يضيق تدريجيا. كان الجدار يضيق والسقف يصبح أقصر أيضا.

شعر صهيب بنوع من التردد، لكنه تجاهل ذلك وواصل السير. كان المكان مظلما جدا. بدون مصباح يدوي، لكان الأمر كما لو كان أعمى.

نظر صهيب إلى ورائه فوجد أن الضوء القادم من الغرفة يضعف. وأمامه المكان لا يزال مظلما جدا. بدأ الأمر يقلقه، لكنه جازف وواصل. ماذا سيحدث في كل الأحوال؟ القليل من الظلام والغبار فقط.

ربما يحدث أمر يمكن أن يخبر سلمى عنه.

سمع صهيب صوت شخص يتنفس فتوقف. نظر خلفه. كان الضوء شبه منعدم.

نظر أمامه. لا أحد. المكان لا يزال مظلما. أقنع صهيب نفسه أنه كان يتخيل، وأخذ نفسا عميقا وواصل.

بعد فترة، نظر صهيب خلفه ووجد أن الضوء قد اختفى تماما. كان أمامه ضوء آخر. كان الأمر كما لو أن الضوء قد غير مكانه. أو أن صهيب استدار وكان يسير في الاتجاه الآخر غير مدرك بذلك.

على أي حال، لاحظ صهيب أن الغرفة الجديدة كانت تشبه الغرفة السابقة. كان الأمر كما لو كانت نفس الغرفة ولكن بدون الناس.

وصل صهيب إلى الغرفة ولم يجد شيئا.

قال صهيب لنفسه: "ما هذا الهراء؟" كانت الحجرة فارغة تماما، وكانت الأرض سوداء ومصنوعة من الحجر.

كانت الجدران بيضاء نقية. وفي منتصف الجدار الأمامي، لاحظ صهيب رسما لباب. الغريب أنه كان يشبه الباب لكنه لم يكن بابا... كان قبرا.

عبس صهيب وتقدم نحو القبر قليلا. كان هناك صمت غير طبيعي، كما لو أن الصوت في الغرفة قد تم امتصاصه.

بينما كان يقف عند القبر المبني داخل الجدار، كان هناك صوت لشيء يصطدم، وكأنه انفجار... ولكن في نفس الوقت، لم يكن انفجارا.

نظر صهيب إلى ورائه وقد سقط قلبه.

كان يقف أمامه شخص... ملفوف في كفن متعفن. كان الكفن مهترئا وكان واضحا أنه كان تحت الأرض. بعد ثانية، لاحظ صهيب أن الشخص نفسه بدا وكأنه مدفون.

بغض النظر، بدأ صهيب يخاف. "من أنت؟"

لم يكن هناك رد وظل الشخص واقفا لمدة ثانية. بعد ذلك، اتخذ خطوة للأمام بطريقة جعلت قلب صهيب يسقط مرة أخرى.

"ماذا تفعل يا رجل... أجبني."

لا إجابة. خطوة أخرى. كانت المسافة بينهما حوالي سبع خطوات الآن. بدأ صهيب في سماع صوت شخص يتنفس... بالضبط مثل الذي سمعه في الممر المظلم.

"أتعرف ماذا... توقف عن العبث. إذا اقتربت، سأجعلك تندم."

لا رد. مع كل خطوة، كان قلب صهيب ينبض بشكل أسرع ويزداد خوفه. نظر صهيب حوله بسرعة ووجد ممرا ثانيا صغيرا على يساره.

أربع خطوات. بعد ثانية، ركض صهيب إلى الأمام وحول هذا الشيء المرعب الذي ظل واقفا وكأنه يراقب ما سيفعله صهيب.

كان صهيب يحاول الوصول إلى الممر الرئيسي. لاحظ صهيب من زاوية عينه أن الشخص قد تحرك.

في غضون ثانية، كان الشيء يقترب منه بسرعة.

وجد صهيب نفسه يتجه إلى اليسار ليهرب. كاد يقتله الخوف أولا. زاد من سرعته ودخل الممر الصغير.

كان مضاء هذه المرة مثل الغرفة الأولى.

في نهاية الممر، كانت هناك غرفة أخرى ليست بعيدة. لكنها كانت مظلمة. كان صهيب لا يزال يسمع نفس الشيء كما لو كان عالقا في ظهره.

ركض صهيب إلى نهاية الممر وأخرج هاتفه المحمول. عندما وصل إلى الغرفة، أشعل المصباح ووجد طاولة حجرية كبيرة أمامه.

كان لونها ذهبيا وعليها رسم لباب أيضا.

كان قبرا آخر. هذه المرة، كان الباب مفتوحا. كان الباب موجودا على الجدار الأمامي للغرفة.

ركض صهيب نحو القبر، وبينما كان يمر به، لاحظ أن هناك شخصا آخر بداخله، مثل الذي كان يطارده، باستثناء شيء واحد.

كان هذا الشخص ميتا، إلا أنه كان يرتدي درعا ويمسك سيفا.

مد صهيب يده وأمسك بالسيف. تفاجأ بأن السيف كان خفيفا في يده. استدار صهيب ونظر ليجد الشيء واقفا كما لو كان هناك لفترة من الوقت.

رفع صهيب السيف. "إذا اقتربت مني، فسأدمرك... وأنت لست بحاجة إلى المزيد."

أكد الصوت الذي خرج من الشيء لصهيب أنه فعلا كان يتحدث إلى مومياء. ناهيك عن أن قلبه كاد يخرج من الذعر. شتمها صهيب في نفسه.

فجأة ركضت المومياء نحو صهيب. لم يكن هناك وقت أو طاقة ليواصل صهيب الجري.

رفع صهيب السيف قليلا وأرجحه على رأس المومياء.

انغرس السيف في نصف رأسها. وربما كان الصوت الذي خرج منها صوت ألم شديد.

رأى صهيب ذراع المومياء وهي تتحرك وفجأة شعر بضغط هائل حول حلقه. كان الضغط يتزايد بسرعة وشعر صهيب بألم رهيب.

وجد صهيب نفسه يصرخ من الألم، لكن لم يكن هناك أحد لسماع صراخه.

كان السيف لا يزال في يده، رفعه صهيب وأنزله على رأس المومياء مرة أخرى.

انقسم رأس المومياء إلى نصفين وضعف الضغط حول حلقه فجأة. سقط صهيب على ركبتيه وشرع في السعال بقوة.

بعد فترة، نهض صهيب ولاحظ أن المومياء أصبحت أكثر بشاعة وأنها لا تتحرك. كما لو كانت نائمة وهي واقفة.

رفع صهيب ساقه اليمنى وركل المومياء في رجلها.

طارت ساق المومياء كما لو كانت مصنوعة من الخشب. سقطت المومياء على وجهها.

بصق عليها صهيب وشتمها مرة أخرى. للحظة تذكر أحمد ولم يعرف هل يبكي أم يضحك.

كان حلقه يقتله من الألم. سمع صهيب صوتا من خلفه وأغمض عينيه للحظة.

صوت أقدام على الرمال. دون أن يلتفت، فهم صهيب مصدر هذا الصوت.

وبعد ذلك سمع صهيب صوت المومياء المدرعة وهي تتحدث بلغة غريبة. استدار صهيب وسأل نفسه: "ما هذا بحق الجحيم؟"

كانت هذه المومياء أكبر وأطول بكثير من الأولى. لم يكن نصف وجهها مرئيا بسبب الخوذة. كانت عيناها زرقاوتان متوهجتان.

وفجأة مدت المومياء ذراعها. وجد صهيب السيف في يده يرتجف كأن أحدا يمسك به.

لم يستطع صهيب تحمل ذلك، فترك السيف. بعد ذلك، طار السيف حرفيا من يده إلى يد المومياء.

ظل صهيب يحدق.

"ماذا...؟!"

"أنت في أرض ليست لك."

عندما سمع صهيب هذه الجملة، اعتقد أن شخصا آخر كان يتحدث. كان الصوت عميقا جدا، وكأنه قادم من شخص مصاب بسرطان الحلق.

"أنت على أرض ملعونة."

"أريد الخروج من هنا في كل الأحوال. كيف أخرج؟"

"من دخل الأرض الملعونة لا يتركها مرة أخرى. يجب أن يدفع الثمن."

"ثمن؟ ما الذي ستفعله بالمال؟ لتحصل على تقويم للأسنان؟"

ندم صهيب على ما قاله عندما رفع السيف في يد المومياء. "الثمن هو حياتك. لديك كلمات أخيرة؟"

"لمن؟"

تحركت المومياء واستدار صهيب ليعود إلى الممر. بينما كان يتقدم، خرج باب مصنوع من الحجر من الأرض وأغلق عليه.

الطريق الوحيد الآن كان وراء المومياء. كان الأدرينالين يرتفع بسرعة وكاد الخوف يقتله.

استدار صهيب وركض إلى الأمام بسرعة كبيرة.

عندما وصل إلى المومياء، انزلق تحتها. نهض بسرعة وركض نحو الباب.

بالطبع كان الباب ينغلق، لكنه تمكن من المرور في الوقت المناسب وأغلق الباب خلفه.

كان صهيب الآن في الظلام الدامس ولم ير أمامه شيئا. كان قلبه مضطربا وكان هناك ألم شديد في صدره.

بدأ التعب يأخذ منه مأخذه.

بمجرد أن فكر في الجلوس على الأرض، بدأ الباب ينفتح مرة أخرى، وظهر ظل خوذة بجانب رجله.

"ابن ال...!"

نهض صهيب بسرعة واستدار وأخرج هاتفه المحمول. فتحه ووجد أن البطارية قد نفدت.

لم يكن لديه خيار سوى الجري في الظلام. ركض صهيب مثل الصاروخ حتى وصل إلى الغرفة التي كانت فيها المومياء الأولى.

لم يكن صهيب شخصا رياضيا، ولم يسبق له الركض كل هذه المسافة بهذه السرعة في حياته. كان يشعر بالقلق من أن ينهار من التعب.

لاحظ صهيب أن الممر الرئيسي مفتوح أمامه. أخيرا، يمكنه الهروب.

بينما كان صهيب متجها إلى الممر، لاحظ شيئا يتحرك في الظلام. بعد ثانيتين، كانت المومياء تقف أمامه.

شعر صهيب بابتسامة على وجه المومياء المشوه.

"لا مفر من الموت. يجب أن تدفع الثمن." كان صوت المومياء يرن في أذن صهيب.

بدأ يشعر باليأس، وبأنه فعلا لم يكن هناك مفر من هذا السحر. كما لو كانت هناك لعنة بالفعل.

فجأة لاحظ صهيب حركة على يساره. كان الغبار يتحرك كما لو كان حيا.

بعد ذلك، وقف الغبار مستقيما. كان الغبار يدور حول نفسه. لاحظ صهيب رسما لشخص وسط حركة التراب.

بعد ثوان، كانت هناك مومياء أخرى واقفة، تحمل سيفا ضعف حجم الآخر. نظرا لحجمه، كان رأس السيف يلمس الأرض.

ظلت المومياء تنظر إلى صهيب لبعض الوقت، ثم فجأة نظرت إلى المومياء الأولى.

"تحتمس... هذا ليس شأنك."

كان الصوت المنبعث منها مشابها لصوت المومياء الأولى، لكنه كان مختلفا. شعر صهيب بإنسانيتها رغم شكلها.

كان اسم المومياء الأولى تحتمس... وتحتمس رد بلغة مختلفة. وبدا من صوته أنه غاضب. كان هذا بالتأكيد لسان الفراعنة، لغة المصريين القدامى.

بقيت المومياء الجديدة صامتة لبعض الوقت. "أنا أتحدث باللغة التي تحلو لي... كما أن مكانك ليس هنا. غادر، أو سأضطر إلى إخراجك بنفسي."

كان الغضب واضحا على تحتمس واتخذ وضعية القتال ورفع سيفه.

"لن تحتمل ضربة مني." كانت هذه المومياء هادئة للغاية، على عكس تحتمس.

كانت المومياء تقف فجأة بجانب تحتمس. دوى صوت السيفين وهما يتصادمان في أذني صهيب.

كانت الحركة سريعة جدا من المومياء الأخرى لدرجة أن صهيب لم يستطع رؤية ما حدث.

وظل الأمر يتكرر عدة مرات، بينما كان صهيب واقفا يشاهد، غير مصدق. كان تحتمس متماسكا، لكن كان واضحا لصهيب من الفائز.

بعد العديد من الضربات بين السيفين والرنين في أذني صهيب، ضربت المومياء تحتمس في صدره.

دخل السيف الكبير إلى صدر تحتمس وكان الصوت سيئا للغاية. سحبت المومياء السيف وبعد ذلك استدارت وقطعت رأس تحتمس.

وفي لحظة، تحول تحتمس إلى غبار، على غرار ذلك الذي خرجت منه المومياء، واختفى.

ظلت المومياء واقفة قليلا وظهرها إلى صهيب. أدرك صهيب أن نهايته كانت قريبة.

استدارت المومياء ونظرت مباشرة في عيني صهيب.

"انا أحمس. لماذا دخلت هذا المكان؟"

لم يعرف صهيب ماذا يقول. "صدقني، لا أعرف شيئا."

"حذرك صديقك من دخول الممر. هل تعلم ماذا يعني وجودك هنا؟"

"لا... ماذا؟"

"لعنة."

"أي لعنة؟ أريد العودة إلى المنزل."

"ستعود. لا تقلق، لن أؤذيك. لكن يجب أن تعرف لعنتك."

كان صهيب يقف عند الغرفة الصغيرة بجانب الغرفة الرئيسية التي تضم مجموعته. عندما دخل، رآهم مجتمعين معا.

عندما لمحوه، اجتمعوا حوله.

كان حسام يقف أمامه. كان الرعب على وجهه. "صهيب! أين كنت؟! ماذا حدث لك؟!"

"أوه، لا شيء... كنت أستكشف قليلا."

"لا شيء!؟ يا بني، تبدو كما لو أن شخصا ما كان على وشك قتلك! هل تهت في الداخل؟"

أومأ صهيب برأسه.

"المهم أنك بخير. ألم يكن معك صديقك أحمد؟"

تعجب صهيب. "لا... هو ليس هنا؟"

"لا... لم يعثر عليه أحد. لقد اختفى في نفس الوقت الذي اختفيت فيه. نحن على يقين من أننا سنجده في الداخل. ابحثوا عنه يا جماعة! واتركوا هواتفكم الجوالة مفتوحة!"

كان صهيب ينظر من نافذة الحافلة باتجاه النيل. الشمس كانت تغرب. كان صهيب يحدق، ولا يزال غير قادر على استيعاب ما حدث في الساعات القليلة الماضية.

"ما بك يا صهيب؟ لماذا تبدو مثل المومياء؟"

نظر صهيب على الفور إلى أحمد. كانت هناك ابتسامة على وجهه... وتحتها كان هناك شيء آخر.

ظل صهيب ينظر إليه لبعض الوقت. ثم فهم الأمر كله رغم حجمه. وصل إليه الإدراك ببطء. أصيب صهيب بالذهول.

أحمد.

أحمس.

ربما لم يكن أحمس مجرد مومياء... ولم يكن أحمد مجرد إنسان.

كان أحمد هو من أنقذ صهيب من تحتمس.

Modern Standard Arabic Readers Series

www.lingualism.com/msar

Made in the USA
Las Vegas, NV
08 August 2021

27813158R00036